Joue du tambour avec cœur

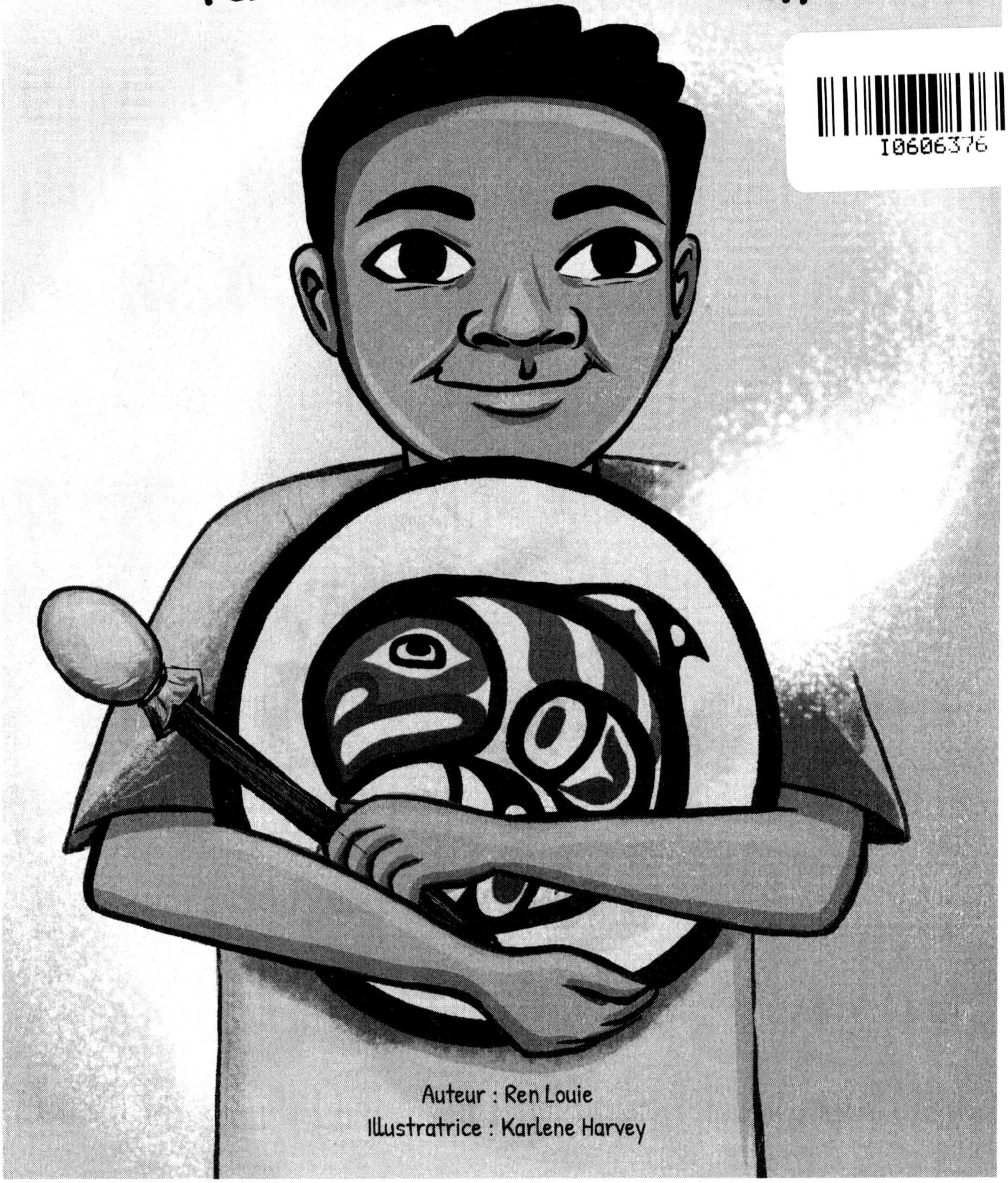

I0606376

Auteur : Ren Louie
Illustratrice : Karlene Harvey

Plan de cours pour les enseignants

Medicine Wheel Education
Ren Louie

Table des matières

Activité 1 : Présentation de Joue du tambour avec cœur et des symboles 1

Activité 2 : Questions de compréhension 2-3

Activité 3 : Identité 4

Activité 4 : Traits de caractère et qualités 5

Activité 5 : Dessins sur le tambour 6

Activité 6 : Fabrication d'un tambour et d'une baguette 7

Activité 7 : Chansons traditionnelles sur le tambour 8

Activité 8 : Lettre de gratitude 9

Activité 9 : Mots cachés sur le tambour 10

Activité 10 : Pages à colorier 11-13

Activité 1 - Présentation de Joue du tambour avec cœur

Lire le livre.

Réfléchir, faire des équipes et partager. Demander aux élèves de se mettre en équipe et de se raconter mutuellement l'histoire de mémoire.

Demander à la classe de répondre aux questions suivantes :

- Pourquoi pensez-vous que l'auteur a appelé le livre Joue du tambour avec cœur?
- D'où viennent Ren et sa famille? À quelle communauté appartiennent-ils? Savez-vous comment prononcer le nom de sa communauté?
- Selon vous, comment Ren se sent-il quand il joue du tambour?
- Voulez-vous deviner quel type de tambour Ren tient?
- Vous rappelez-vous ce que la grand-mère de Ren a dit qu'on utilisait pour fabriquer un tambour?

Symboles :

Quel symbole y a-t-il sur le tambour? De quel genre d'animal s'agit-il?
Dans la culture autochtone, les symboles sont sacrés. Certains symboles sont des symboles de famille, d'autres sont des symboles de communauté. Certains symboles peuvent être utilisés par tout le monde et d'autres seulement pour des occasions spéciales. Pour cet exercice, pense à un symbole qui représente ce qui est dans ton cœur et dessine-le dans l'encadré ci-dessous :

Remarque : N'utilise pas de symboles autochtones comme exemple puisque tu dois demander la permission pour le faire.

Activité 2 : Questions de compréhension

Complète les phrases en utilisant les mots de l'histoire.

Le cousin de Ren est venu le visiter et il tenait son tambour qui était de couleur_______________avec un rebord_______________. Il avait aussi une_______________.

Ren était curieux au sujet du tambour de son cousin. Il a donc demandé à sa grand-mère : « _______________ ».

Elle a répondu : « Le tambour est fabriqué avec_______________et le rebord et la baguette sont fabriqués avec_______________ ».
« Dans notre langue, le nuu-chah-nulth, on appelle le tambour_______________ », lui a appris sa grand-mère.
Ren a utilisé une_______________ en bois avec un_______________rouge pendant que son cousin jouait du tambour avec lui.
Pendant que ses cousines et cousins jouaient joyeusement du tambour, la grand-mère de Ren a commencé à_______________ et à chanter_______________.
Ren aurait bien aimé chanter des chansons traditionnelles, mais il était trop_______________.
Il se sentait_______________parce qu'il n'avait pas assez_______________.
Pour son neuvième anniversaire, Ren a reçu en Cadeau un_______________fabriqué à la main par sa_______________.

Quand la mère de Ren lui a donné le tambour, elle lui a dit :
« Mon fils, je veux que tu aies ton propre______________________. Il va t'aider pendant que tu apprends à____________________. Tu pourras alors toi aussi te sentir assez____________________pour partager____. »

Sur son tambour, sa mère avait dessiné un magnifique saumon______________et______________. Elle a rappelé à Ren qu'il devait______________________de son tambour et__________________doucement dessus.

Elle lui a aussi dit que ce tambour représentait les________________________________. Boum! Boum! Boum!

« Pour réchauffer ton tambour, utilise du_____________________ou tiens-le contre ta______________________. »

Avec son nouveau tambour, Ren a décidé de se joindre à un____dans sa communauté.

Au fur et à mesure qu'il devait plus confiant en jouant du tambour, Ren a appris à______________________et a appris ses____________________________.

Dessine Ren et son nouveau tambour.

Activité 3 : Identité

Comment on choisit de s'identifier est très important. Dans l'histoire Joue du tambour avec cœur, Ren explore son identité en tant que joueur de tambour et personne autochtone. Maintenant, c'est à ton tour.
Réponds aux questions et fais les activités en pensant à ton identité.

Qu'est-ce que mon nom de famille veut dire?

___

___

D'où vient ma famille?

___

___

Quel genre de nourriture est-ce que ma famille mangeait?

___

___

Est-ce qu'il y a un symbole qui est très important pour toi ou ta famille? Partage l'his - toire de ce symbole ou ce qu'il représente pour toi et ta famille.

___

___

Dessine le symbole dans l'encadré ci-dessous :

Activité 4 : Traits de caractère et qualités

Ren est le personnage principal de l'histoire. Dans le livre, on peut voir qu'il a des traits de caractère et des qualités. Encercle tous les traits de caractère et les qualités de Ren.

désagréable
digne de confiance
reconnaissant
inquiet
vif d'esprit
fiable
loyal
futé
gêné
silencieux
talentueux
stupide
sérieux
responsable
respectueux
poli
bon
honteux
fier
indiscret
irrespectueux
rapide
désorganisé
malhonnête
agréable
chanceux
nerveux
triste
attentionné
joyeux
aimant
doux
solitaire
paresseux
prudent
charmant
gentil
calme
intelligent
imaginatif
occupé
brillant
brave
courageux
apeuré
ennuyé
beau
confiant
audacieux
honnête
heureux
sportif
aidant
généreux
merveilleux
amusant
artistique
excitant
altruiste
amical
fâché
juste

1. Même s'il y a plusieurs qualités dans l'encadré, choisis les deux traits de caractère qui décrivent le mieux Ren.
   Le premier trait de caractère qui décrit le mieux Ren est
   ____
   parce qu'il ____________________________________.
   Le deuxième trait de caractère qui décrit le mieux Ren est________________
   parce qu'il____________________________________.

2. Dans Joue du tambour avec cœur, Ren est d'abord gêné puis confiant d'apprendre à jouer du tambour avec cœur. Quels traits de caractère a-t-il utilisés pour réussir? Écris-les ci-dessous :
   ______________ ______________ ______________

3. Maintenant que nous en savons plus sur les qualités et les traits de caractère de Ren, c'est à ton tour. Encercle tous les traits de caractère qui te décrivent le mieux.

4. Quels sont les deux traits de caractère qui te décrivent le mieux?
   Le premier trait de caractère qui me décrit le mieux est ________________
   parce que je ____.
   Le deuxième trait de caractère qui me décrit le mieux est ________________
   parce que je ____.

5. Ren était gêné de chanter et de jouer du tambour. Est-ce qu'il y a quelque chose que tu es gêné de faire et que tu aimerais avoir assez de confiance pour faire?
   ____

6. Quels traits de caractère as-tu besoin de développer ou de renforcer pour être plus confiant? Ren a réussi et tu peux réussir toi aussi! Écris-les ci-dessous.

   ________________ ________________ ________________

Activité 5 : Dessins sur le tambour

Ren voulait apprendre à jouer du tambour et à chanter les chants traditionnels de sa communauté. Sa mère lui a expliqué que le son du tambour représente les battements de son cœur.

<u>Suis ces étapes pour comprendre l'enseignement de la mère de Ren :</u>

1. Mets ta main sur ton cœur, qui est à gauche de ta poitrine, pour sentir les battements de ton cœur.
2. Ferme tes yeux pour éviter les distractions et écoute les battements de ton cœur.
3. Utilise ton bureau ou une surface plane et commence à battre le rythme de ces battements. Rappelle-toi, le cœur de chaque personne bat différemment.
4. Demande à ton professeur de faire jouer de la musique avec différents rythmes et battements.

Quand ces étapes sont faites, les élèves peuvent dire comment ils se sentent oralement ou par écrit.

Est-ce que ton cœur bat plus ou moins vite selon la musique? Si oui, laquelle?

____

Comment te sentais-tu quand ton bat battait plus vite en écoutant de la musique?

____

Comment te sentais-tu quand ton bat battait plus lentement en écoutant de la musique?

____

Les battements de ton cœur sont importants et sont liés à ton bonheur. La prochaine fois que tu entendras de la musique, écoute les battements de ton cœur.

Activité 6 : Fabriquer un tambour/une baguette

Avertissement culturel : Veuillez noter que pour cet exercice et avec la permission de Ren Louie, vous pouvez fabriquer un tambour. Rappelez aux élèves de faire preuve de respect et de voir cet exercice comme une occasion d'apprendre. Les tambours suivants ne sont PAS des tambours traditionnels. Pour cette activité d'apprentissage, vous pouvez fabriquer votre propre tambour à condition que les élèves comprennent que le processus pour fabriquer un tambour traditionnel est sacré.

Matériel :

Tambour – assiettes de carton (n'utilisez pas de styromousse), de la ficelle ou de la corde, un poinçon, des crayons de couleur ou des crayons-feutres.

Baguette – branche d'arbre ou gros goujon (on peut en trouver dans les magasins d'artisanat ou de matériel d'artiste), feutre et ruban adhésif (de couleurs différentes si vous en avez), ficelle ou corde. Veuillez noter que si vous prenez quelque chose à la Terre Mère, vous devez donner quelque chose en retour. Certaines personnes donnent en échange du tabac ou d'autres choses qui viennent de la nature.

Suis les directives suivantes :

Tambour :

1. Donner à chaque élève deux assiettes de carton et leur demander de décorer l'extérieur d'une assiette avec des symboles de la nature.
2. Percer des trous sur le rebord de chaque assiette; s'assurer que les trous sont alignés sur les deux assiettes.
3. Coller les assiettes ensemble avec le bas vers l'intérieur.
4. Utiliser une ficelle ou une corde et enfiler en diagonale au dos de l'assiette. Ne pas tirer trop fort sinon les assiettes pourraient se casser. Le nombre de ficelles dépend de la grosseur des assiettes.
5. Une fois que c'est fait, nouer la ficelle et couper l'excédent.

Baguette :

1. Couper des morceaux de feutre de 10 cm x 10 cm pour chaque élève (2 morceaux pour chaque élève)
2. Choisir le bout le plus lisse de la branche et l'envelopper avec plusieurs couches de ruban adhésif jusqu'à ce que ça ait la forme d'une petite balle qui a la forme d'un globe.
3. Envelopper la balle avec les morceaux de feutre.
4. Coller les morceaux de feutre un par-dessus l'autre et les tenir en place pendant quelques minutes jusqu'à ce que la colle ait bien adhéré. Laisser sécher pendant la nuit.
5. Enrouler une ficelle ou une corde à la base de la balle pour qu'elle soit plus solide et s'assurer qu'elle tient en place.
6. Essayer la baguette avec le tambour que vous avez fabriqué.

Exemples de Joue du tambour avec cœur :

Activité 7 : Chansons à jouer sur le tambour

Avec les élèves, trouver de la musique traditionnelle de groupes ou de personnes autochtones. Rappeler aux élèves que tous les groupes et les personnes autochtones ont des chansons et des tambours différents. Il est important que les élèves respectent la diversité des groupes de joueurs de tambour autochtones ou de l'identité des personnes en reconnaissant leur propre bagage culturel au début des exercices.

Après avoir écouté la première chanson, demander à la classe de répondre aux questions suivantes :

Décrivez le rythme, les paroles, les battements du tambour, etc.

Quel rythme remarquez-vous?

Est-ce que les battements sont rapides ou lents? Expliquez votre réponse.

Est-ce que la chanson a un refrain (des mots qui sont répétés)?

Comment t'es-tu senti dans ton cœur quand tu écoutais la chanson?

Reprendre ces questions pour la deuxième chanson.

Demander à la classe de répondre aux questions suivantes :

- Qu'est-ce qui était semblable dans les deux chansons?
- Qu'est-ce qui était différent?
- T'es-tu senti de la même manière quand tu as écouté les deux chansons?

Activité 8 : Lettre de gratitude

Ren était très heureux quand sa mère lui a donné son propre tambour. Pense à un moment où tu as été très reconnaissant envers une personne qui t'a donné quelque chose.

Écris-lui une lettre.

Cher/Chère ______________________________

Avec amour, ____________________

Activité 9 : Mots cachés sur le tambour

N H J R U U G C T S C U Z P A K E O

X S D Q B P D C O M A U P Q M G N U

V C P X T V R C U N X U R L I R S U

C H A N T E R A D L F V M X S U E Q

F I E R N H V L T R T I W O L D I M

J Y Q W F C M G P I E U A D N I G U

N C O U R A G E M B Q L R N X W N T

Z B Y P M U S I Q U E U D E C T E R

P W F N B T T O F V Y P E O R E R C

P A R A D E X C A D E A U R R R H W

B U Z A M G F A M I L L E Y T B Z T

U F F T A M B O U R B J O H O T X A

AMIS
CADEAU
CHANTER
CONFIANCE
COURAGE

CULTURE
ENSEIGNER
FAMILLE FIER

MUSIQUE
PARADE
PRATIQUER
SAUMON
TAMBOUR